# L’existence vive

# Geneviève Planté-longchamp

# L'existence vive

*Recueil*

LE LYS BLEU
ÉDITIONS

ISBN : 979-10-422-4277-0

**Photographies de Bernard Boisson**

# Prologue

Elle a porté la douleur le manque
S’est consolée a comme oublié
A enfoui le sol fertile dans le creux de sa bogue
La semence invisible au cœur du gland qui semble sec
Elle a guéri, s’est adaptée, s’est tue
Est sortie de l’impasse de l’attente de la colère et de l’espoir déçu
Pour vivre autant de temps que nécessaire
Un temps qui ne se compte pas un contre temps un non-temps une absence,
Un hiver.
Le temps pour se soumettre
Aux Éléments
Pour naître
À l’émerveillement
Du miracle
De la vie
Vivante
À chaque instant

**Elle**, parfois surnommée « Graine de Plante »

Elle a perdu sa terre étant enfant,
A craint la mort par asphyxie
Connu le désespoir du corps racorni
Par le béton de la ville sans odeur, sans couleur
Qui ne souffle rien sur la peau
Le gasoil dans les narines qui vous brûle du manque.
Il a peut-être fallu risquer de mourir
Étant enfant
Pour que plus tard, un jour
La Corse décide de l'apprivoiser.
L'a-t-elle reconnue de la race qu'elle aime
Capable de s'enraciner en sol pauvre
Tourmenté par les vents et les excès de chaud ?
Tourmentée… ou plutôt enivrée
Par le lointain qui souffle
Adaptée comme le genévrier
Immortelle comme l'hélichryse
Gorgée d'eau sous sa peau cuite par le soleil
comme la figue de barbarie

Et en même temps légère comme le nuage

**Lui,**

**Il** photographie les arbres depuis toujours, et la « Forêt primordiale ». Il sait, bien primordialement, éprouver et nommer les sentiments profonds, l'Océanique.
Il dit et écrit que « la Forêt est l'avenir de l'homme »
« Qu'un écosystème est une symphonie du vivant
Dans laquelle chaque espèce joue sa partition.

À l’homme de deviner la sienne
Pour élever la musique du monde sans dissonance. »[1]
Elle l’amène en Itinérance, Il lui propose d’écrire sur ses photos.

**L’île,**

La Corse, nous l’avons choisie, à moins que ce ne soit l’inverse, parce que l’empreinte humaine y étant encore légère, y transparaît clairement tout ce qui nous dépasse.
La Corse parce qu’elle l’a adoptée
La Corse parce que la mer.
Ils l’ont tous regardée, la mer, les grands. Ou bien naviguée. Ont lu sur chaque vague
Le plus ancien et le beau poème du monde.

**Une « elle » + un « il » = une île.**

---

[1] Bernard Boisson, *La Forêt Primordiale.*

# I
# La mer

*Ici, tout commence toujours par la mer.*

# 1
# La tour Génoise

La tour génoise guette
Levée
Rempart aux invasions barbares

Les invasions barbaresques d'aujourd'hui arrivent en avion.
Et demandent à Vincent le pêcheur où est la grande surface la plus proche.
« Tournez-vous, répond-il, et vous l'aurez devant vous
Vous la voyez, là, la grande surface…toute bleue ? »

Manuel pour n'être pas de ces barbares
Sois ambitieux : ne viens pas en vacances, mais pour la Grande Vacance !
Voici quelques gestes-barrières :
– Ne regarde pas la météo pour choisir ton programme de demain
Car le temps ici ne se prédit pas.
Il fera ce qu'Il veut, et tu dois t'y plier

Le reconnaître comme maître
Admettre
Qu'il changera, rapide comme l'éclair, selon des paramètres non connus.
Alors le temps qu'il fait est fait pour toi, ici, là où tu es
Regarde. Regarde encore.
Voilà. Tu l'as vu, le pour quoi.
Tu lis le livre ouvert de la couleur du ciel du lever au couchant, tu humes le clapotis des vagues à la surface de l'eau, tu devines
Devin tu deviens.

– Ne consulte pas l'itinéraire piéton sur ton téléphone pour trouver ton chemin
Ça ne t'évitera pas de te perdre, car ici à tout instant tout chemin peut changer.
Pars à la rencontre de l'imprévu.
Sans quoi tu auras tout perdu.

– Perds très vite ton chargeur, ou bien l'objet lui-même
L'as-tu vu passer dans le ciel le Starlink, le train de satellites, les fausses étoiles à la queue leu leu ?
Sais-tu qu'ils projettent d'en envoyer 4370, afin qu'à tout endroit de la planète on reçoive la 5 G ?
Veux-tu d'un ciel qu'aucune galaxie n'éclairera plus jamais ?
Ouvre-toi le ciel libre.
Préfère Cassiopée et la Grande Ourse aux lignes droites des auto-communications de l'homme par l'homme, pour l'homme, étouffé par lui-même.

Marche pieds nus, ressens et réalise qu'ils sont moins nombreux, les grains de sable sur la terre, que les étoiles dans le ciel, comme le disait Hubert Reeves.
Écoute, écoute encore. Voilà ça commence.
Dans l'immense cosmos, une petite planète bleue,
Bleu ciel bleu mer
Et tes petits pieds dessus-dedans, avançant au rythme des vagues.
Écoute le poème au sein duquel elle se crée, la vague, par le mouvement incessant qui la porte et puis va l'absorber quand elle s'évanouit. Et puis ça recommence.
Regarde les cycles qui s'enchaînent, ça te chatouille et ça te berce, c'est doux, c'est drôle, furieux parfois quand ça s'affole,
jamais pareil. Comme les couleurs selon la course du soleil.
Comme les nuages selon les vents le jour et la lune la nuit
Moment unique, éphémère, jamais deux fois le même.
Tu commences à comprendre.
Tu sais l'heure bleue quand vient le soir.
Tu dis « demain, j'y serai ».
Un peu comme avec les programmes télé,
mais en mieux.

## 2
## La rivière, sa rivière

Caresser la peau du granit

**La rivière**

Les rivières corses et leurs piscines naturelles de rêve, tous les guides en parlent et indiquent les endroits les plus propices à la baignade, au pique-nique. Cette rivière-là les rend tous libres, les petits et les grands, le corps massé par les bouillons du jacuzzi, emporté en glissade risquée sur le toboggan naturel. On peut escalader, s'éclabousser, le corps fort, et puis s'abandonner sur le roc chaud et lisse, observer les grenouilles et même chatouiller les écrevisses.

**Sa rivière**,

Elle l'a apprivoisée. Le temps qui a passé y est pour quelque chose. Le granit a gardé l'empreinte de sa vie, le rire et les jeux des enfants, les bons et les mauvais temps. Elle la connaît par cœur, y compris ses secrets.

Elle sait que leurs jeux miment le combat mythique des éléments déchaînés, les courants furieux, les chocs de blocs démesurés.

Elle sait ce qu'a été la forêt dévastée, quand le feu l'a réduite en cendres. À croire que la vie ne reviendrait jamais. Elle l'a vue revenir. Et le totem grillé s'est fait à nouveau dépasser par les pins. Elle a vu la rivière engloutie par les eaux en furie, les pans de montagne démolis, les rochers basculés, et le courant de l'eau suivant un lit nouveau. Sa rivière a la force que donne le passage par l'eau et par le feu. C'est un creuset. Pas étonnant que, rien qu'à faire chanter les éclaboussures quand on y met la main, on ait le corps lavé et l'esprit lessivé. Tout est resté derrière de nos vieilles poussières. Par sa fraîcheur elle soigne la cuisson du soleil, mais peut guérir aussi les blessures de nos âmes. Un rai de lumière se pose parfois là, juste où on met le pied, en signe que c'est fait.

Si vous prenez le temps de prendre la mesure, de percevoir la force de cette roche si lourde, à vous faire parfois reculer, et si douce au toucher

Si vous offrez votre attention comme une invite à la laisser venir, si vous offrez votre intention, rêvant de vous en faire une amie, elle vous fera Sujet.

Elle ouvrira l'espace où vous la découvrez, où vous vous rencontrez vous-même, le très spécial unique que vous êtes, capable de toutes les potentialités.

Et vous vous rappelez : entre les choses et vous, l'espace à dévoiler. Comme un accouchement du véritable Soi.

C'est là son plus beau cadeau, son plus grand secret.

**Elle est chez elle**

Elle
le brusque
Il
la freine
Elle
a dans sa chair la terre infuse
Lui
doit se poser dans le temps long
pour fixer l'indicible, l'Essence
Elle
le temps la traverse
Lui
doit le traverser
par contemplation intensive

Elle est arrivée.

Elle marche
Elle court
Nul ne peut l'arrêter.
Cette terre la meut,
L'émeut,
Crée en elle l'élan qui l'anime
À chaque instant.
Elle est attendue,

Elle le sait,
Cela fait plus de cent mille années
Que le granit a façonné le creux de son assise.
Il suffit qu'elle s'y pose,
Et durant les mille ans qui vont suivre
Elle boira du regard les dessins éphémères que tracent
À la surface de l'eau le jeu du soleil et des vents
Juste là,
Maintenant,

L'imprévisible moment.

Sur la surface douce et polie du granit, densité lourde et chaude,
Force compacte lissée en arrondis par Dieu sait quelles masses d'eau et de sables,
Elle s'allonge.
Sur le temps infini qu'il a fallu pour adoucir la pierre, elle s'étale,
En prend la forme et la couleur, devient roche, par absorption de sa substance sèche.
Elle avance en cercle à vitesse infiniment petite,
Elle s'expanse,
Elle est de ces peuples premiers dont le vert cendré se distingue à peine du gris minéral,
Comme une identité de végétal à peine émergente.
Et le soleil la force à connaître l'eau douce, redevenir humide.
La rivière, infiltrée dans sa chair, la fait se poser là, se tirer vers le haut.
Ses cellules se mettent à gonfler sous la caresse du souffle d'air,
Elle équilibre le poids de ses fruits lourds, la légèreté de son axe.
Graine de plante devient joyeuse,
Joufflue ou juteuse,
En tension expansion sous sa peau étirée.
Consciente du miracle qui la fait être là,
Au milieu du bruit de la course de l'eau cascadant en descente vers la mer

Elle bâille. Tout est accompli
Rester plus, ce serait rester trop
Il faut partir

Mais il a mis sa caméra
Pour un son et lumière
Juste là où le mouvement de l'eau capture les bulles d'air
Et les conduit au fond
Entre le souffre vert et le fer oxydé
Prisonniers des galets.
Un rien de soleil les éclaire.

Elle sait qu'il a capté l'âme de la rivière.
Et aussi sa Présence, son sens, son essence,
Son pouvoir

Elle sourit dans son cœur.

## 3
## En bord de plage, l'arbre de mer

Abattu Il s'est, de lui-même
Ou bien le fut-il par plus fort que lui ?
Tombé, le géant
De tout son long
Inversé retourné
Devenu trait d'union
Roulé porté par la mer
Mère des grands voyages,
Mort
Mordu par le sel
Il met le monde à l'envers

Est-il encore arbre mort,
Ou bien autre monde
Né de l'alchimie
Du mariage du bois, du soleil et de l'eau
Nouvelle création,
Tout autre ?

Voilà que le blanc s'illumine

Elle, Elle veut s'enfouir dans le sable
À la limite où éclatent les vagues
Et écouter inlassablement
Dans le chuintement régulier
L'histoire de son naufrage
Son porté – secoué – étendu
Roulé – mouillé – noyé
Chauffé – brûlé
Rôti – englouti
Échoué
Mordu mort décapé
Mis à nu.
Elle veut traverser à la nage, se sauver sur son île
Prendre refuge dans la cité interdite où nichent les oiseaux
Seule au milieu de l'eau

Lui,
Il l'a vu, le même, déposé sur la rive
L'a scruté
Et s'est fait retourner
Brasser
Lui, Il l'a fixé

Le sel a dévoilé les inscriptions secrètes derrière
Le tracé de ses anciens vaisseaux
Son éternel sa vapeur son âme.
Sous son squelette,
Son Esprit,
dans la moelle de ses os.[2]

Ça creuse en elle

Du jamais vu
Toujours su
Lire le Nom de l'Artiste

Elle entend le silence.

---

[2] Suzy Ghiglione, Enseignement sur la Symbolique.

# II
# Les hautes terres

# 1
# Le passage

La mer s’est s’éloignée,
Nous avons continué de monter
Et nous l’avons quittée.
Au détour du chemin,
Le ciel s’est reflété sur l’eau étendue de la retenue.
On pressent le passage

À l’opposé, une fenêtre
La porte juste entrouverte et très vite refermée
Nous laisse voir en perspective l’arête dressée entre deux mers.
En bas, l’immense étendue bleue, ses vagues,
Et le mouvement incessant qui les fait être.
Son eau, aspirée vers le Ciel,
Dans le silence et l’invisible,
Est comme réapparue, posée en poudre blanche sur le sommet !
Passage de l’une à l’autre,
Eau bue, transformée, transmutée

Elle garde sûrement le goût du sel, cette neige-là,
En mémoire de son ascension évaporée
L'arbre vivant se sait en sève d'eau à nouveau dressée,
Lorsqu'il grandit, respire, transpire.

Tout monte et tout descend incessamment,
Nous sommes au point milieu de l'entre deux.
Tout se répond, se correspond.
Le sérum dans la chair vibre à l'unisson

Eau de Vie dans le cœur

Poète, « nous avions, disais-tu
Perdu les hautes terres, notre errance est infinie »[3]
Mais la voilà devant nous,
La Roche Haute,
L'Alta Rocca.
Il est donc désormais achevé,
Le temps de l'Errance,
Maintenant commence le Temps Neuf

La fenêtre s'est refermée.
Commence l'attente.
Continue la montée.

---

[3] Michel Capmal, *Nous avons perdu les hautes terres, notre errance est infinie.*

# 2
# Le berceau de la race des Seigneurs

Parfois rudes d'apparence, encore à ce jour sur leurs gardes,
Mais gorgés de sucs, de secrets jalousement protégés,
Les hommes sont ici comme les lieux.

Et réciproquement. Partout, les uns n'existent pas sans les autres, mais ici encore plus qu'ailleurs semble-t-il. C'est qu'ils sont pétris d'histoires, d'épopées, de légendes. On dit de l'Alta Rocca qu'elle abrite la race des Seigneurs. On dit aussi qu'en vingt-quatre heures seulement, grâce à ses sentinelles les tours génoises, la Corse tout entière pouvait être prévenue d'une invasion ou attaque par la mer, et toute la population littorale venait alors se réfugier dans les hauteurs.

Qui arrive l'oreille attentive et le cœur ouvert,
Respectueux de l'héritage mis en partage,
Pourra peut-être les apprivoiser. Ou pas.
Ça dépend des jours, du temps qu'il fait…
Alors, s'ils livrent leur récit en paroles, ou le chantent, ça sent bon le nectar,
L'arba Baronna.

La nuit peut y passer. Pourtant un peu de sommeil est utile, il faut s'harmoniser en songe.

Ils ont dit que si nous voulions y comprendre quelque chose, c'est là-bas qu'il fallait aller. C'est donc ce que nous avons fait.
Nous avons croisé les cochons sauvages, non pas libres mais en enclos, vu de loin les hauts pâturages où montent les bergers, laissé quelques vaches sur le bord de la route, et des vieux châtaigniers. Parfois les herbes sauvages s'installent en rond, là-haut, et la place est vide autour d'un chêne.
Ça peut sentir encore la lutte, la cachette, le piège, les batailles inscrites dans le corps du paysage comme dans celui des gens.

Le grand héros est paraît-il « né bâtard, a été fait
Seigneur et puis est mort bandit ».[4]

Plus récemment, une autre résistante du village du bas transporta dans sa culotte les plans de guerre, d'un poste de résistance à l'autre, en passant par les crêtes, à l'âge de huit ans.

Nous avons marché avec précaution, parfois hésitation, sur une terre semble-t-il encore habitée par les âmes des ancêtres, un territoire intermédiaire, où se cueillent les plantes aromatiques et médicinales.

Et vu, juste en dessous, le village.

Comment, en fermant la fenêtre avant de s'endormir,
Ne pas se sentir surveillés, se savoir protégés par le
monde d'en haut ?

---

[4] Rinuccio della Rocca, sentier balisé.

Né ici, on connaît le poids la force de la lignée, on ressent
Le sang des anciens qui coule encore dans ses veines
neuves.

Pour perpétuer.

À perpétuité ?

« L'être humain est géographique.
L'Être de l'humain se grave (graphein) dans la terre et il
est en retour gravé, dans
un certain sens »

Entre Lui et le Monde, tout le tissu des fils entrelacés,
Tout relié, tous reliés.
Corps animal, Corporalité, Corps social, corps Médial,
Corps de nature, corps de culture.

« Ce qu'il extériorise par la technique ou l'usage
Lui revient sous forme de symboles. »[5]

« Nous ne sommes pas : Nous inter-sommes. »[6]

---

[5] Augustin Berque,*Écoumène.*
[6] Tich Nhat Hahn, *La respiration essentielle.*

## 3
## Prendre de l'altitude

Monter tranquillement le chemin bordé d'arbres
Jusqu'au réservoir repère.
Passer le gué.
Soudainement, entrer dans l'abrupt.
Elle se dresse à l'aplomb, massive.
Avancer entre le flanc minéral de la roche et le vide.
À poser nos pas sur ce chemin tel une entaille découpée
Au couteau,
On est pris dans sa chair, son sensible.
Son sens, sa cible.

Comme un écrasement qui vous met à l'échelle, qui vous rend tout petit
Et curieusement mobile dans le silence épais.
Vous frémissez au cri du corbeau qui leur signale votre présence
Et sur la verticale de la paroi, là-haut, le pin
Accroché par miracle à l'anfractuosité, la fracture
Tout juste terreuse qui a reçu son germe,
Découpé jeté à l'encre de Chine sur la crête par fond de ciel si bleu.
Elle n'entend que son cœur battant au ralenti.

Nous nous sentons tolérés,
À la condition de nous laisser retourner, inverser,
traverser.
Devenons-nous habités par elle ?
Est-ce le lieu qui nous formate ?

C'est alors qu'apparaissent les visages

La vieille Indienne, regard horizontal posé sur le lointain,

Le bercement de la mère

Les formes

Passé le deuxième gué,
Nous entrons dans l'humide
Pierres, arbres et mousses
Jouent un jeu de lumière et d'ombre
Emmêlées.
Ça sent la vie à plein nez
Le Féminin femelle, les fées
La mouflonne posant là le mouillé
Mettant bas le fragile
Le risqué
L'avenir :
Son nouveau-né.

Passage possible vers le haut.

La roche gagne,
Les mousses s'assèchent en lichens, puis disparaissent.
L'espace s'ouvre soudain, et dévoile
La Désolation. Le Cimetière.
Le mikado géant des grands arbres mis au sol pêle-mêle
en désordre.
On s'assied
N'importe où, sur un tronc une souche.
Décimé, le peuple des grands du sommet.
Il pleure.

Elle ne s'arrête pas à ce stop
Escalade les blocs
N'accepte pas que sa vue soit barrée
Veut voir de l'autre côté.
Mais après une crête en vient une autre…
Enfin, dans une encoche entre deux,
Elle peut passer le nez, et voir
Sa rivière qui coule en contrebas.
La voilà à la source de son tracé, au surplomb de Son lieu,
Arrivée. Posée. Respirée.

Il pleure encore, en bas, abattu,
Dans la béance de la question sans réponse,
De la photo qui donnerait à voir et qui s'avère impossible.

Redescendre.

Au dernier coup d'œil, comme une lune au sommet d'un rescapé effeuillé, la rondeur de la boule de gui dévoile le secret de l'immortalité. Elle est le soleil du cimetière, sa paix.
Elle n'a rien dit, croyant qu'il l'avait vue aussi.

La montagne a pris l'ocre du soleil couchant.
Le pin se découpe maintenant sur masse rousse,
C'est comme si la minéralité avait ouvert son cœur
Il devient sa parure, son protégé.

En bas, les arbres ne sont pas rares

Ils reviennent comme on revient d'un sanctuaire

Dans leur chair d'Être humain vibre la chair du monde

Et à la fine pointe de l'âme, l'Esprit.

# 4
# Les arbres remarquables

Les vieux qui savaient les histoires viennent à disparaître.
Le temps des arbres est autre
Merveilleux.
Ils ont joué avec les Vieux,
Vieilles âmes du monde
Père et mère de tous les récits
Centre et support de tous les autres
Mémoire vive enveloppante, inspirante, affectueuse,
irremplaçable

« Je m'accomplis au contact du Tu,
Je deviens "Je" en disant "Tu"
Toute vie véritable est rencontre. »[7]

[7] Martin Buber, *JE et TU*.

# III
# Phaïnoménia

## 1
## Faire phénomène

Nous ne sommes pas au contact des choses telles qu'elles sont,
Mais des choses « telles qu'elles nous apparaissent ».
Faire phénomène autrement, c'est notre Liberté.
Serait-ce aussi notre Raison d'être ?
Car changer de regard, c'est changer le monde
Et voir beau, c'est aimer

Le phénomène,
C'est l'apparence de la chose,
La façon qu'elle a d'apparaître
Et qui n'est pas vraiment elle

Ou bien au contraire

Ce que le poète l'artiste peut voir par un long
entraînement de son regard
Par un lent dévoilement de sa conscience
Ou par une fulgurance,
Une évidence :
Ce qu'est la chose « En Elle-même »[8]

« Allumée avec sa propre lumière »[9]

[8] Arnaud Villani, *Vers une pensée-mouvement.*
[9] Alfonso Caycedo, *La Sophrologie, Acropolis Nice 1991.*

Être dans l'amour, faire être l'Amour

L'amour,
Une Intention qui s'infiltre entre le Sujet percevant et l'Objet perçu.
Non. Qui le crée
Non pas une intention, mais un insu, non pensé, non nommé
Une Évidence
Ce sans quoi la relation ne peut pas être,
Juste des juxtapositions, des solitudes déliées, des sujets alignés, tout seuls.

Se poser en présence.
Faire l'amour, le fabriquer.
C'est une action, une volonté
Une alchimie
La conscience en action actionnée par l'émergence de l'âme

Et le sujet épouse l'objet
Ne sait plus s'il est lui ou l'autre
Qui est qui
Apparaît l'Un.

## 2
## Le premier matin du monde

Elle sait qu'il viendra, c'est obligé.
Elle l'attend, elle l'attend tout le temps
Mais il ne peut venir qu'à l'improviste.
C'est un indescriptible indéfini,
Une soudaine manière très spéciale
Qu'a la lumière rasante
De s'insinuer entre les arbres du maquis,
Une température étale,
Pas encore réchauffée,
La soudaineté d'une plage de sable encore vierge.
C'est le tout juste temps entre le pas encore et le déjà plus,
Le Kaïros.
Elle court c'est l'urgence. Le présent.
Elle court et ses habits la quittent, et puis la terre et l'air
Elle entre en ciel. Et dans la mer. En lumière.
Bain d'innocence
Dans une transparence d'eau pas encore bleue
Couleur de fluide,
Dans le rayon rasant qui ne pénètre pas
Juste flotte en surface

Et lorsqu'elle nage vers lui,
Rentre directement dans l'iris de ses yeux.
Incluse dans l'immense elle nage l'eau nagée.
Baignée dans l'amnios du monde,
Point d'où naît l'horizon

Elle naît à la vie
Pour la première fois.
Portée emportée, bercement de la houle
Le clapotis inouï traverse ses oreilles
Elle rit
Aux éclats d'écume elle rit
De l'écume des vagues en éclats
Qui s'échouent sur ses bras.
Lorsqu'il entend sa voix,
Le monde rit aussi.

C'est fait. C'est accompli.
Elle s'échoue sur le sable
Comme liseré moussu frontière de la vague aussitôt disparu.
Le sec lentement la rassemble
La contient.
Le vent joueur a mis ses habits à la mer
Désormais, son âme se donnera à voir.

*C'est alors, le soir même, qu'apparut le nuage*
*À la forme de l'île et de sa tour génoise.*

# 3
# La nouvelle Terre

La nouvelle Terre a son double lumineux dans le ciel
Avec lequel elle ne fait qu'un
Ses habitants heureux occupent leur place essentielle
Dans l'espace-temps qui les contient
Ils partagent enfin le rêve d'amour et de beauté
Qui, loin d'être un enfantillage,
Est le signe de leur maturité

Alors Elle advient.

*Et nos enfants riront*

*de la légende noire où pleure un solitaire*

Éluard

# Table des matières

Imprimé en France
Achevé d'imprimer en mai 2025
Dépôt légal : juillet 2024

Pour

Le Lys Bleu Éditions
40, rue du Louvre
75001 Paris